VENTE DU MERCREDI 1ᵉʳ JUIN 1887

HOTEL DROUOT, SALLE Nᵒ 8.

CHASSES ET COURSES

(Collection d'Estampes)

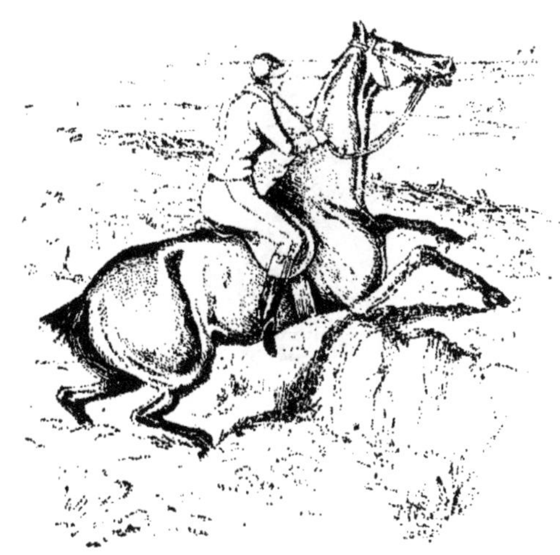

EXPOSITION

Le Mardi 31 Mai 1887, de 2 heures à 5 heures.

Mᵉ PAUL CHEVALLIER

COMMISSAIRE-PRISEUR

10, rue de la Grange-Batelière, 10.

PARIS

M. JULES BOUILLON

Mᵈ d'Estampes de la Bibliothèque nationale

Successeur de CLÉMENT

3, rue des Saints-Pères, 3.

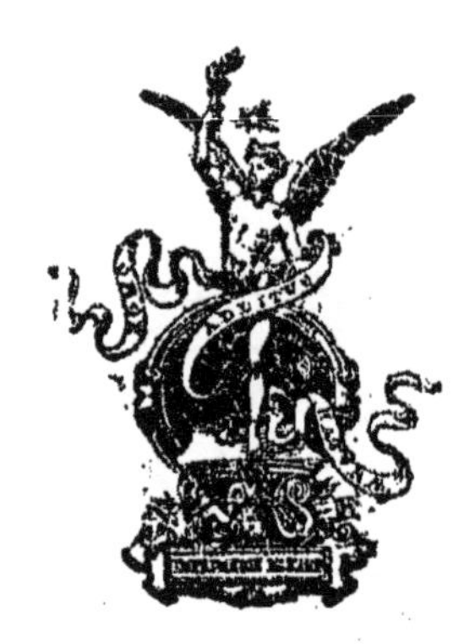

CATALOGUE

D'UNE TRÈS BELLE

COLLECTION D'ESTAMPES

RELATIVES AU SPORT

CHASSES & COURSES

DONT LA VENTE AUX ENCHÈRES PUBLIQUES AURA LIEU

HOTEL DROUOT, SALLE N° 8

Le Mercredi 1er Juin 1887

A · DEUX HEURES

Me PAUL CHEVALLIER

COMMISSAIRE-PRISEUR

10, rue de la Grange-Batelière, 10

M. JULES BOUILLON

Md d'Estampes de la Bibliothèque nationale

Successeur de CLÉMENT

3, rue des Saints-Pères, 3

EXPOSITION PUBLIQUE

Le Mardi 31 Mai 1887, de deux heures à cinq heures

CONDITIONS DE LA VENTE

Elle sera faite au comptant.

Les Acquéreurs paieront, en sus des adjudications, CINQ CENTIMES PAR FRANC applicables aux frais.

Paris. — Imp. de l'Art. E. MÉNARD et J. AUGRY
41, rue de la Victoire. 41

DÉSIGNATION

ALKEN

(H.)

1 — G. Osbaldeston, esq^r performing His Wonderfuf and unprecedented feat of 200 miles against time. En couleur.

Très belle épreuve.

2 — A Steeple chase. Suite de six pièces en couleur.

Superbes épreuves.

ALKEN

(D'après H.)

3 — *Epsom-Races*..... With the Horse preparing to start for the two Mile Heat. Gravé en couleur par T. Sutherland.

Très belle épreuve.

ALKEN

(D'après H.)

4 — The Mail guard, par Dubourg, en couleur.

> Très belle épreuve.

5 — Grouse Shooting, par Charles Hunt. En couleur.

> Très belle épreuve.

6 — The Last grand Steeple chase which took place at the hippodrome race course. Kensington. Plate 1 et 2. Deux pièces en couleur, faisant pendants, gravées par Hunt.

> Très belles épreuves.

7 — A Steeple chase. Suite de six pièces en couleur, gravées par Bentley.

> Très belles épreuves.

8 — *Ipswich,* Weighing. — *Epsom,* Running. — *Newmarket,* Training. — *Ascot Heath,* Preparing to start. Suite de quatre pièces, gravées par Sutherland, en couleur.

> Très belles épreuves.

ALKEN
(D'après H.)

9 — Unkennelling. — Breaking cover. — Full cry. — The Death. Suite de quatre pièces en couleur, gravées par Sutherland.

Très belles épreuves.

10 — *Grand Leicestershire Steeple chase.* Suite de huit pièces en couleur, gravées par C. Bentley.

Très belles épreuves.

ALKEN
(D'après S.)

11 — Hare Hunting. — Stag Hunting. — Coursing. — Fox Hunting. Suite de quatre pièces en couleur, gravées par Maile et Sutherland.

Très belles épreuves.

ALKEN
(D'après W.)

12 — *Aylesbury grand Steeple chase. February 9th 1866.* The Start. — The Brook scene. — — The Lane scene. — Coming in. Suite de quatre pièces en couleur, gravées par Bentley.

Très belles épreuves.

ARCHER

13 — The Happy escape or arch-runanay's.
Pièce en couleur.

Très belle épreuve.

BARRET

(D'après G.)

14 — A Portrait of a Dog, belonging to Lord
Edvo^d Bentinck. Gravé par J. Watson.

Très belle épreuve.

BLARENBERGHE

(D'après VAN)

15 — L'École des chevaux, par Delvaux. Grande
pièce in-folio en largeur.

Très belle épreuve. Rare.

BROWN

(D'après)

16 — Monsieur de Saint-George. Portrait in-fol.,
gravé par Ward, from an Original Picture at
Mr Angelo's fencing Academy.

Superbe et très rare épreuve en couleur.

17 — Le même portrait.

Très belle épreuve en noir.

BUNBURY
(D'après)

18 — A Riding-House, par Bretherton. En couleur.

> Très belle épreuve.

CLERJON-CHAMPAGNY
(J.)

19 — Tableau statistique et géographique de
l'espèce chevaline en France, par M. Jules
Clerjon-Champagny. En couleur. Rare.

CLIFTON-THOMPSON
(D'après)

20 — Panoramic View of British Horse-Racing.
En couleur.

> Très belle épreuve.

COOKE
(D'après)

21 — *Annetta*, cheval de course ayant gagné le
prix du Jockey Club, à Chantilly, 1842.
Gravé par Hunt.

> Très belle épreuve. Rare.

DEAN

(J.)

22 — LEICESTERSHIRE. A Strugghe for the start.
— The first ten minutes, Shaking off the
Cocktails. — Symptoms of a Skurry in a
pewy Country. Suite de trois pièces en couleur.

Superbes épreuves. Très rares.

DEBUCOURT

(P. L.)

23 — Calèche se rendant au rendez-vous de
chasse, d'après C. Vernet.

Superbe épreuve avant la lettre.

24 — La même estampe.

Très belle épreuve.

25 — Les Apprêts de la course, d'après C. Vernet.

Superbe épreuve avant la lettre. Marge.

26 — L'Arrivée (course au Champ de Mars),
d'après C. Vernet.

Superbe épreuve avant la lettre.

DEBUCOURT

(P. L.)

27 — Une Course au Champ de Mars. — L'Arrivée. Deux pièces faisant pendants.

> Très belles épreuves en couleurs. Marges.

28 — La Course. Fin de la Course. Deux pièces faisant pendants, d'après C. Vernet.

> Très belles épreuves remmargées.

29 — Course du grand prix, faite au Champ de Mars, à Paris, par les chevaux qui ont remporté les premiers prix dans leurs départements, d'après Vernet.

> Superbe épreuve. Marge.

30 — Le Départ. — La Chasse. Deux pièces en couleur faisant pendants, d'après C. Vernet.

> Très belles épreuves.

31 — Départ pour la chasse, d'après C. Vernet.

> Très belle épreuve avant la lettre.

32 — Le Départ du chasseur. — Le Chasseur. — Le Chasseur au tiré. — Le Retour du chasseur. Suite de quatre pièces, d'après C. Vernet.

> Très belles épreuves.

DEBUCOURT

(P. L.)

33 — Cheval effrayé par la foudre, d'après C. Vernet.

> Très belle épreuve.

34 — Cheval qu'on bouchonne au retour d'une course, d'après C. Vernet.

> Très belle épreuve.

FULLER

(S. et J.), published.

35 — Qualified Horses and unqualified Riders or the reverse of sporting Phrases taken from the Wark entitled indispensable Accomplishments. Suite de sept pièces en couleur et un titre.

> Superbes épreuves. Très rares.

FERNELEY

(D'après J.)

35 — SULTAN, Winner of the Newmarket Whip, in 1823. Gravé par E. Duncan, en couleur.

> Très belle épreuve.

GILBERT
(D'après J. F.)

37 — Priam Winning the Gold cup, in 1831, on Goodwood Race Course, engraved by J. Clark. En couleur.

Très belle épreuve.

HANCOCK & FERNELEY
(D'après)

38 — *Saint-Gilles.* — *Mundig.* — *Bay Middleton.* — *Amato.* — *Deception.* — Suite de cinq pièces : portraits de chevaux ayant remporté les premiers prix du Derby des années 1832, 1835, 1836, 1838 et 1839. En couleur.

Très belles épreuves. Rares.

HERRING
(D'après J. F.)

39 — Charles XIIth and Euclid. The decisive heat for the great St Leger stakes at Doncaster, 1830, par Hunt. En couleur.

Très belle épreuve.

40 — *Fox Hunting.* The find. — Full Cry. — The Death. Suite de trois pièces en couleur, gravées par Huffam et Mackrell.

Très belles épreuves.

HERRING & CAMPION

(D'après)

1 — Prix spécial de 5,000 francs, Chantilly, Mai, 1841. — Prix du Jockey-Club, 7,000 fr., Chantilly, Mai, 1841. Apprêtant à s'élancer. — Prix du Jockey-Club, 7,000 francs, Chantilly, Mai, 1841. Ils s'élancent. — Prix spécial de 5,000 francs, Chantilly, Mai, 1841. Suite de quatre pièces en couleur, gravées par Hunt.

Très belles épreuves.

HERRING & DOLBY

(D'après)

42 — *Tarrare. — Launcelot. — Mango.* Quatre pièces, portraits de chevaux vainqueurs du Grand Saint-Léger, à Doncaster, 1826, 1837 et 1840, gravées par Hunt, Sutherland et Reeve.

Très belles épreuves.

HERRING & HALL

(D'après)

43 — *Munding.* — *Little Wonder.* — *Ghuznee.* — *Orlando.* Suite de quatre pièces, portraits de chevaux ayant remporté les premiers prix, à Epsom, 1835, 1840, 1841 et 1844, gravées par Hunt, en couleur.

Très belles épreuves.

HERRING & TURNER

(D'après)

44 — *Hornsea.* — *Harkaway.* Deux portraits de chevaux ayant remporté les premiers prix, à Goodwood, 1836 et 1838, gravés en couleur par Hunt.

Très belles épreuves.

HODGES

(D'après W. P.)

45 — HARE HUNTING. Plate 1er. Soho ! — Plate 2. War-Turnips. Deux pièces faisant pendants, gravées par R. G. Reeve. En couleur.

Très belles épreuves.

HODGES

(D'après W. P.)

46 — The Chase of the Roebuck. — The Death of the Roebuck. Deux pièces en couleurs faisant pendants, gravées par Alken et Reeve.

Très belles épreuves.

HOURTT

47 — Pheasant Shooting. — Partridge Shooting. — Coursing. — Looking for a hare. — Woodcock Shooting. — Grouse Shooting. Suite de six pièces en couleur.

Très belles épreuves.

HUNT

(CH.)

48 — The New London Royal Mail. Commenced Running January 1er, 1836. — The red Rover, Southampton Coach. Deux pièces en couleur faisant pendants.

Très belles épreuves.

IBBETSON

(D'après J.)

49 — Wood-Cock Shooting. — Pheasant Shooting. Deux pièces en couleur faisant pendants, gravées par Dodd.

> Très belles épreuves. Rares.

JONES

(J.)

5o — The Father of the Turf. Portrait in-fol., en manière noire, d'après Wooten.

> Superbe épreuve. Très rare.

JONES

(D'après S. J. E.)

5ı — Horses Going to a fair. — Horses Watering. Deux pièces faisant pendants, gravées par W. Fellows, en couleur.

> Très belles épreuves.

52 — Morning. — Evening, first september. — Evening-October. — May, fly-fishing. Suite de quatre pièces en couleur, gravées par Pyall.

> Très belles épreuves.

JONES

(D'après S. J. E.)

53 — Partridge Shooting, par Pyall, en couleur.

> Très belle épreuve.

54 — Royal Mails Starting from the Post office, par Kimely.

> Très belle épreuve.

55 — Stage Coach, gravé en couleur, par G. Hunt.

> Très belle épreuve.

LAMI

(D'après EUGÈNE)

56 — Courses de Chantilly, sous le patronage de Son Altesse Royale Monseigneur le duc d'Orléans. Gravé par Newton fielding, en couleur.

> Très belle épreuve.

MASON

(D'après W.)

57 — A Country race Course with Horses preparing to start. Gravé par Jonkins, en couleur.

Très belle épreuve.

58 — La même estampe en noir.

Très belle épreuve.

MORLAND

(D'après G.)

59 — *Fox Hunting*. Going out. — Going into cover. — The Check. — The Death. Suite de quatre pièces en couleur, gravées par E. Bell.

Très belles épreuves.

60 — Partridge Shooting. — Snipe Shooting. Deux pièces en couleur faisant pendants, gravées par C. Catton.

Très belles épreuves.

MORLAND

(D'après G.)

61 — The Fox in sight. — Entering cover. — The Return. Suite de trois pièces gravées par J. Wright, en couleur.

Très belles épreuves.

62 — The Rabbit Warren. Sportmen refreshing. Deux pièces faisant pendants, gravées par Alken.

Très belles épreuves.

63 — Duck Shooting. En couleur.

Très belle épreuve.

64 — Chasses. Suite de quatre pièces en couleur.

Très belles épreuves.

65 — Innocence alarmed. — The sportman's return. Deux pièces faisant pendants, gravées par Ward et Smith.

Très belles épreuves.

MORLAND & WARD

(D'après)

66 — Outside of a Country Alehouse. — Inside of a Country Alehouse. Deux pièces en couleur faisant pendants, gravées par W. Ward.

Très belles épreuves.

MIXON

(J.)

67 — A Trip to the races. Grande pièce coloriée. Rare.

Très belle épreuve.

PAUL

(D'après T. D.)

67 *bis* — *A Trip to Melton Mowbray*. (Un petit voyage à Melton Mowbray.) Suite de douze pièces en couleurs, en forme de frises, représentant les inconvénients des voyages en voitures, chasses, etc.

Superbes épreuves. Très rares.

POLLARD

68 — *Chasse au renard*. Full cry. — Breaking cover. — The Death. Suite de trois pièces en couleur, d'après Gill, Pollard et Sartorius.

Très belles épreuves.

POLLARD

(D'après J.)

69 — The Cambridge telegraph starting from the White Horse, fetter Lane. Gravé par G. Hunt, en couleur.

Très belle épreuve.

70 — The Royal Mails departure from the general Post office, London. Gravé par Reeves, en couleur.

Très belle épreuve.

71 — The Liverpool umpire, par G. Hunt. En couleur.

Très belle épreuve.

72 — A View on the highgate Road, par G. Hunt. En couleur.

Très belle épreuve.

POLLARD

(D'après J.)

73 — Goodwood Races, par H. Pyall. En couleur.

> Très belle épreuve.

74 — Hurdle Races; first and second Leap. St. Albans Tally-Ho Stakes. Deux pièces faisant pendants, gravées par C. Hunt, en couleur.

> Très belles épreuves.

75 — Epsom Races. — Ascot heath Races. Deux pièces en couleur faisant pendants.

> Très belles épreuves. Rares.

76 — Epsom. Saddling in the Warren. — The Betting Post. — Preparing to start. — The grand Stand. — The Race over. — Settling day at Tattersall's. Suite de six pièces gravées par Hunt, en couleur.

> Très belles épreuves.

POLLARD

(D'après J.)

77 — *Scenes on the road, or a trip to Epsom and Back*. Hyde Park Corner. — The Lord Nelson inn, cheam. — The Cock, at Sutton. — Kennington gate. Suite de quatre pièces gravées par J. Harris, en couleur.

Superbes épreuves.

78 — Fox hunters meeting. — Fox chase. — Breaking cover. — The Death. Suite de quatre pièces en couleur, gravées par Ch. Hunt.

Très belles épreuves.

79 — The celebrated Horse Glaucus at *Ascot Races*, Beating Rockingham and Samarcand. Epsom Races. — Goodwood Races. Suite de trois pièces en couleur, gravées par Pyall, Smart et Hunt.

Très belles épreuves.

ROGERS

(D'après J.)

80 — *Cedric*. — *Cobweb*. Deux pièces en couleur, gravées par C. Hullmandel.

Très belles épreuves.

ROWLANDSON

(J.)

81 — Going out in the Morning. — The Refresh-
ment. — The Chase. — The Death of the
fox. — The Return. — The Dinner. Six pièces en couleurs. Suite très rare à trouver
complète.

Superbes épreuves.

82 — The Brilliants. Grande pièce in-folio en
largeur, coloriée.

Très belle épreuve. Rare.

83 — French Barracks. — English Barracks.
Deux pièces faisant pendants, en couleur.

Superbes épreuves.

84 — Four O'Clock in Town. — Four O'Clock
in the Country. Deux pièces en couleur faisant pendants.

Très belles épreuves.

85 — Dressing for a Birthday. — Dressing for a
Masquerade. Deux pièces en couleur faisant
pendants.

Superbes épreuves. Très rares.

ROWLANDSON

(J.)

86 — A Sale of English-Beauties, in the East-Indies. Grande pièce in-folio en couleur.

Superbe épreuve. Rare.

87 — House-Breakers, en couleur.

Très belle épreuve.

88 — The Tithe pig. Pièce en couleur.

Très belle épreuve.

89 — The light horse volunters of London and Westminster, commanded by col¹ Herries, Reviewed by his Majesty on Wimbledon Common 5th July 1798. Pièce en couleur.

Très belle épreuve.

ROWLANDSON (?)

90 — Nos Serviteurs. Suite de quatre pièces en couleurs.

Très belles épreuves. Rares.

ROWLANDSON (?)

91 — Combat entre la Chevalière d'Éon et M. de Saint-Georges.

Très belle épreuve.

SEYMOUR, SPENCER

92 — The Portraitures of *Bald Charlotte.* — *Sedbury.* — *Dormouse.* — *Cullen, Arabian Chesrint-Arabian.* — *Van Boston.* Suite de six pièces, portraits de chevaux de courses célèbres du xviiie siècle, représentés dans des bordures ornementées, gravés à la manière noire par Houston.

Très belles épreuves. Rares.

SHAYER

(D'après W. J.)

93 — The Duke of Beaufort Coach Starting from the Bull and Mouth, Regents circus, Piccadilly. Gravé par Ch. Hunt, en couleur.

Très belle épreuve..

STUBBS

(D'après G.)

94 — ÉCLIPSE. The Property of Denes O'Kelly Esqʳ. Gravé en couleur par Burke.

Superbe épreuve de la plus grande rareté.

95 — La même estampe, en noir.

Superbe épreuve avec marge.

STUBBS

(D'après G.)

96 — ÉCLIPSE. Gravé en couleur par Ch. Hunt.

Superbe épreuve. Très rare.

SUTHERLAND

(T.)

97 — Grouse Shooting. — Partridge Shooting. — Wild Duck Shooting. — Pheasant Shooting. Suite de quatre pièces en couleur.

Très belles épreuves.

VERNET

(D'après C.)

98 — Une Course au Champ de Mars. — L'Arrivée. Deux pièces faisant pendants gravées par Debucourt.

> Très belles épreuves.

99 — Grand Départ de chasse, gravé par Coqueret, en couleur.

> Très belle épreuve.

100 — La même estampe, en noir.

> Très belle épreuve.

101 — Le Départ pour la chasse. — L'Affût. Deux pièces faisant pendants, gravées par Jazet.

> Très belles épreuves.

102 — Le Départ pour la chasse, par Coqueret.

> Superbe épreuve avant la lettre.

103 — La Chasse au renard. Suite de cinq pièces gravées en couleur par Levachez.

> Belles épreuves.

104 — Intérieur d'écurie. — Le Marchand de chevaux. Deux pièces faisant pendants, gravées par Coqueret.

> Superbes épreuves avant la lettre.

VERNET

(D'après CARLE et HORACE)

105 — Recueil de chevaux de tous genres, dessinés par Carle et Horace Vernet, et gravés par Levachez.

Suite de 42 estampes en couleur avec titre, en 1 vol. in-fol. obl. cart. Très rare.

WILLIAMSON

(THOMAS)

106 — Oriental field sports; being a complete detailed, and accurate description of the Wild sports of the East; and exhibiting, in a novel and interesting manner, the natural history of the Elephant, the Rhinocéros, the Tiger... The vhole interspersed with a variety of original, Authentic, and curious anecdotes... The narrative is divided into forty Heads, forming collectively a complete Work, but so arranged that each part is a detail of one of the forty coloured engravings with which the publication is embellished. The whole taken from the manuscript and designs of captain Thomas Williamson... London, 1819. 1 vol. in-fol. obl., demi-rel., fig. en couleur.

Très bel exemplaire de ce livre rare.

WOLSTENHOLME

(D'après D.)

107 — COURSING. Going out. — Finding. — The Harés last effort. — The Death. Suite de quatre pièces en couleur gravées par Stewart et Sutherland.

Très belles épreuves.

108 — HUNTING. Going out. — Breaking cover. — Running. — The Death. Suite de quatre pièces en couleur, gravées par Kimely.

Très belles épreuves.

109 — *Schooting*. Going out. — Game found. — Dogs brought the Game and reboading. — Refreshing. Suite de quatre pièces en couleur gravées par Kimely.

Très belles épreuves.

110 — Hunting. — Shooting. Suite de quatre pièces en couleur gravées par Sutherland.

Belles épreuves.

111 — *Morning.* — *Noon.* — *Afternoon.* — *Night.* Suite de quatre pièces en couleur gravées par Jeakes.

Très belles épreuves.

WOLSTENHOLME

(D'après D.)

112 — The First of september. Suite de quatre
pièces, sujets de chasses. Gravées par Reeve.
En couleur.

Très belles épreuves.

ANONYMES

113 — Jockies of the North of England. — Jockies of the south of England. Deux pièces
faisant pendants, représentant en buste tous
les portraits des jockeys anglais. Ces deux
pièces sont dédiées aux lords and gentlemen
of the Jockey-Club. En couleur.

Superbes épreuves très rares.

114 — Treeing the fox. Pièce en couleur impri-
mée sur vélin.

Très belle épreuve.

ANONYMES

115 — Halte de chasseurs, en couleur.

Très belle épreuve.

116 — Chasse à courre.

Aquarelle.

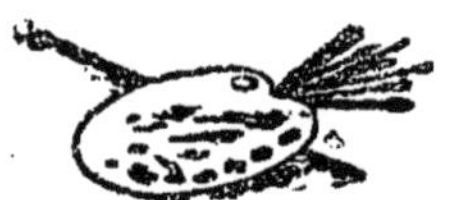